LES

MONUMENTS MÉGALITHIQUES

DANS LES DÉPARTEMENTS

DU NORD & DU PAS-DE-CALAIS

PAR

L. QUARRÉ-REYBOURBON
Officier de l'instruction publique,
Membre de la Commission historique du département du Nord,
du Cercle archéologique de Mons,
de la Société des Bibliophiles belges séant à Mons, etc.

1896
H. & L. CASTERMAN
LIBRAIRES-ÉDITEURS
TOURNAI

Pierre Brunehaut à Hollain.

à Monsieur Léopold Delisle,
conservateur général de la Bibliothèque nationale
hommage respectueux de l'auteur
L. Quarré-Reybourbon

LES MONUMENTS MÉGALITHIQUES

Mémoire communiqué le 6 Août 1895 au Congrès archéologique de Tournai.

LES

MONUMENTS MÉGALITHIQUES

DANS LES DÉPARTEMENTS

DU NORD & DU PAS-DE-CALAIS

PAR

L. QUARRÉ-REYBOURBON
Officier de l'instruction publique,
Membre de la Commission historique du département du Nord,
du Cercle archéologique de Mons,
de la Société des Bibliophiles belges séant à Mons, etc.

1896

H. & L. CASTERMAN
LIBRAIRES-ÉDITEURS
TOURNAI

LES

MONUMENTS MÉGALITHIQUES

DANS LES DÉPARTEMENTS

DU NORD & DU PAS-DE-CALAIS

L'une des questions adressées aux membres du Congrès est conçue dans les termes qui suivent : « Connait-on dans l'étendue des anciennes provinces des Pays-Bas d'autres mégalithiques de l'importance de celui d'Hollain ; les signaler. »

Je viens répondre à cette question en ce qui concerne les départements du Nord et du Pas-de-Calais, qui ont autrefois fait partie des Pays-Bas.

Il y a dans ces deux départements un certain nombre de monuments mégalithiques.

Parmi ceux qui sont aussi importants que celui d'Hollain, nous mentionnerons d'abord deux dolmens : celui de Hamel et de Fresnicourt.

Dolmen de Hamel (1).

Ce dolmen, qui se trouve au sommet d'un coteau sur le territoire de la commune de Hamel, arrondissement de Douai (Nord), était encore intact et debout lorsque M. Bottin, Secrétaire de la Société des sciences de Lille, alla le visiter en 1805 et en fit une description détaillée que nous reproduisons en note (2). Il résulte

(1) Pour le dolmen de Hamel et pour les autres monuments mégalithiques du département du Nord, nous avons mis à profit un travail encore inédit qu'a bien voulu nous communiquer Mgr Dehaisnes, président de la Commission historique du Nord.

(2) « Six pierres colossales le composent ; quatre sont posées de champ, laissant entre elles un espace vide long de cinq mètres, et dont la lar-

de cette description que c'était un dolmen avec allée en partie couverte et que la grande table avait peut-être été une pierre branlante.

Vers 1830, des ouvriers renversèrent deux de ces pierres dans l'espoir d'y trouver un trésor.

Aujourd'hui des cinq ou six pierres qui forment ce dolmen deux sont restées debout et servent encore de support; deux autres ont été arrachées du sol, comme nous venons de le dire, gisant près de l'endroit où elles se trouvaient jadis; la cinquième, qui est la grande table, longue de 3 m. 40 large de 2 m. 45 et épaisse de 0,35 m., repose, par l'une de ses extrémités, sur les supports encore debout.

Ces pierres sont d'un grès un peu rose, très dur et très fin,

geur varie depuis un mètre jusqu'à un mètre trente centimètres; une autre pierre plate, d'un volume plus que double et d'une forme pentagone, couvre une partie de cet espace et en fait une espèce de grotte profonde de trois mètres sur deux d'ouverture, à laquelle ce qui reste à découvert fournit une sorte de vestibule. Cette pierre énorme, qui pèse au moins sept mille kilogrammes, ne repose que sur trois des pierres de champ; et comme s'il y avait eu quelque intention mystérieuse dans l'assemblage, elle n'y repose que sur les deux tiers de son étendue, et n'a de contact avec celle-ci que par trois arêtes, l'une de 13, la seconde de 108 et la troisième de 122 millimètres; tout le reste porte à faux. Cette circonstance donne lieu de soupçonner que cette table a, dans le principe, été une de ces pierres branlantes dont les oracles passent pour avoir été si terribles. Les six pierres sont de grès très dur, tel qu'on l'extrait dans le pays. Elles sont brutes et sans inscriptions; seulement on aperçoit dans la partie extérieure de la table de recouvrement des lignes très légèrement tracées et qui semblent se rattacher en divers sens à une vingtaine de cavités obliques de la capacité d'un verre à boire ordinaire dont la superficie est parsemée (1). La principale entrée de la grotte regarde le midi. C'est dans cette direction que se trouve, au bas d'un coteau très rapide, à environ cent trente mètres de distance, une fontaine abondante, d'une eau extrêmement limpide, qui est renfermée dans un bassin formé en carré régulier de pierre de taille, et très fréquentée à raison de la vieille renommée. » (Notes de M. Bottin, dans les *Mémoires* de la Société de Lille. Bulletin de la Séance du 30 Novembre 1811, p. 136.)

(1) Ces lignes et ces cavités sont purement naturelles et tiennent à la grossièreté du grès.

semblable à celui qu'on a longtemps tiré des carrières de Bugnicourt, situées à quelques kilomètres de Hamel. Elles n'ont pas été taillées de main d'homme. Dans le pays, on les appelle la

Dolmen de Hamel.

cuisine des Sorciers ou la pierre Chawatte (aux chouettes), on dit qu'elles servaient de lieu de refuge aux Caramaras, nom sous lequel on désigne des êtres malfaisants et les bohémiens nomades.

Dolmen de Fresnicourt.

A Fresnicourt (Pas-de-Calais, arrondissement de Béthune), se trouvait encore dans le premier quart de notre siècle, d'après les renseignements recueillis par M. Lequien, savant archéologue et sous-préfet de Béthune, un groupe de quatre dolmens reliés entre eux par des galgals et sur des lignes de petites pierres, comme on le voit à Carnac en Bretagne.

Aujourd'hui il ne reste que le principal de ces quatre dolmens. Il est formé de six pierres de grandes dimensions, dont cinq servent de supports; la sixième est la grande table, qui a 3 m. 30 de long, 2 m. 30 de large, 0,80 m. d'épaisseur, avec 9 m. 70 de circonférence. On l'appelle dans le pays la Table des Fées.

Original en couleur

NF Z 43-120-8

Dolmen de Fresnicourt, canton d'Houdain, arrondissement de Béthune.

Menhir de Lécluse.

Parmi les menhirs du Nord et du Pas de Calais, le plus considérable est celui de Lécluse (Nord, arrondissement de Douai). Il est situé sur un coteau élevé, à deux kilomètres environ du dolmen de Hamel, dont nous avons parlé. Il est formé d'un monolithe de 5 m. hors du sol, (ce qui est, dit-on, la longueur de la partie enfoncée dans le sol), large de 2 m. et épais de 0,60 m. Vers le haut, il s'amincit et présente une échancrure oblique qui s'est produite lorsqu'il a été frappé par la foudre. On le désigne sous le nom de Pierre des pierres ou de Pierre du Diable : les gens du pays montrent une éraflure qui, d'après la légende, aurait été produite par les griffes du démon.

Les Pierres d'Acq.

Le long du chemin qui conduit d'Acq à Ecoives (Pas-de-Calais), sont enfoncés en terre deux monolithes l'un de 3 m. et l'autre de 4 m. hors du sol. L'une de ces pierres est inclinée vers l'autre. Elles sont en grès brut. On assure qu'on aurait trouvé entre elles, une sépulture en pierre. On raconte dans le pays, qu'elles

ERRATUM

Par suite d'une erreur du metteur en pages, la gravure du dolmen de Fresnicourt, page 8, a été substituée à celle des pierres de Tortequenne, page 12, et réciproquement.

auraient été érigées par Baudouin bras de fer, pour rappeler une victoire.

Les Pierres de Solre-le-Château.

Les pierres de Solre-le-Château (Nord, arrondissement d'Avesnes), sont moins importantes que celle d'Hollain, nous croyons néanmoins devoir les signaler. Celle qui est encore debout est une pierre en grès brut de 2 m. 50 hors de terre et dont le pourtour à la base est de 5 m. 40 ; elle est légèrement inclinée. Une autre pierre de 1 m. 80 de haut et de 3 m. de pourtour, qui se trouvait près de la première, a été déplacée il y a vingt ans par le possesseur du champ ; elle gît près de l'autre

Menhir ou pierre levée de Lécluse, canton d'Arleux, arrondissement de Douai.

brisée en deux morceaux. Des silex taillés ont été trouvés près de ce monument. Ces pierres portent le nom de Pierres Martines. On dit dans le pays que saint Martin les a déposées dans le champ où elles se trouvent aujourd'hui, et l'on montre dans l'une d'elles un creux qui aurait été formé par le dos de saint Martin, lorsqu'il s'était reposé près d'elle.

Pierres jumelles d'Acq, canton de Vitry, arrondissement d'Arras.

Divers autres monuments mégalithiques.

Nous signalerons en quelques mots divers autres monuments de dimensions moins importantes, qui sont considérés comme mégalithiques.

Pierres jumelles de Cambrai.

Les Pierres Jumelles de Cambrai (Nord), dont la hauteur au-dessus du sol est de 3 m. 60, la largeur de 0,80 m. et l'épaisseur de 0,50 m. Elles sont distantes l'une de l'autre de 3 m. 60. Ces pierres se trouvent le long d'un chemin, qui était une voie romaine; leur ancienneté est incontestable. Des légendes s'y rattachent.

En lisant dans les vies les plus anciennes de Saint-Géry, qu'il détruisit sur le mont des Bœufs, colline qui domine Cambrai, un bois et des autels consacrés au culte des démons, on se demande s'il n'y avait point, sur ce mont, des monuments mégalithiques, objets de pratiques superstitieuses. Cette conjecture est d'autant plus vraisemblable qu'on voit encore aujourd'hui, au pied de l'ancien Mont des Bœufs, près de la voie romaine qui conduisait de Cambrai à Bavai, les deux monolithes que nous venons de désigner sous le nom de Pierres Jumelles.

Une légende dont le caractère nous paraît bien moderne, raconte que deux jeunes Gaulois, frères jumeaux épris d'amour pour une jeune druidesse, s'entretuèrent dans un combat et qu'à l'endroit où tombèrent leurs corps surgirent deux pierres que l'on appelle les Pierres Jumelles. Un compte des grands chartiers de Cambrai rendu en l'année 1306 donne déjà à ces menhirs le nom de Pierres Jumelles; l'abbé de Carondelet, vicaire général du diocèse de Cambrai, qui fit opérer des fouilles autour de ces pierres en 1735, trouva, dans le sol, un coffret en fer, renfermant un papier dont l'écriture révélait le XVIe siècle, où il était dit qu'on avait recueilli en cet endroit des monnaies et des pierres gravées romaines, avec des débris de verre doré, et quelques morceaux de corail et d'ambre disposés de manière à porter à croire qu'ils avaient formé un collier. Ces détails prouvent en faveur de l'ancienneté de ces pierres et du nom qui leur est donné. Elles peuvent être classées au nombre des monuments mégalitiques.

La Pierre des vallées de Prisches (Nord) et celle dessus dite de Sars-Poteries (Nord), n'offrent la première que 1 m. 10 de haut et la seconde 1 m. 51. On dit dans le pays qu'elles ont servi au culte des idoles.

La Pierre croûte de Bellignies.

La Pierre croûte de Bellignies (Nord, arrondissement d'Avesnes), est une pierre de 10 pieds de longueur taillée de main d'homme dans une carrière où elle se trouvait autrefois. Elle ne parait pas pouvoir être rangée parmi les monuments mégalithiques.

Non loin du dolmen du Hamel et du menhir de Lécluse, se trouvent plusieurs monuments analogues; le menhir d'Oisy le Verger (Pas-de-Calais), qui émerge d'un marais, les pierres peu

Pierre de ~~Tortequenne.~~

élevées de Tortequenne (Pas-de-Calais) et le tumulus de Sailly en Ostrevent aussi Pas-de-Calais, près Boiry Notre-Dame. Au-dessus de ce tumulus s'élèvent six petites pierres, hautes de 0,60 c. et larges de 0,30 c. : on les appelle les sept bonnets, les sept fillettes ou les sept marconnettes. D'après la légende du pays elles rappellent le souvenir de sept jeunes filles qui étant allées danser sur le tertre à l'heure où l'on sonnait l'office, auront été changées en pierre avec le ménétrier; selon d'autres récits, ce tumulus aurait été élevé en mémoire d'une grande bataille livrée en cet endroit.

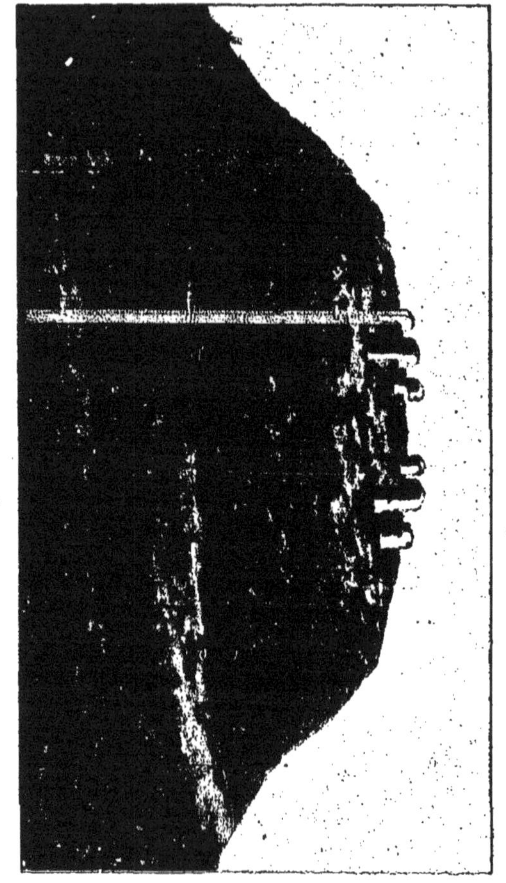

Bonnettes ou cercle de pierres de Boiry-Notre-Dame, canton de Vitry, arrondissement d'Arras.

C'est un tertre de forme ovoïde, dont la hauteur est de 5 m. et la circonférence de 122 m. 52. Sur le plateau supérieur se voient les six pierres plantées dans le sol, à environ 2 m. l'une de l'autre et disposées en cercle, ce qui en fait un crombeck, leur partie supérieure a été grossièrement travaillée. Une carte ancienne donne à ce tumulus le nom de Signal aux feux, il aurait pu correspondre, comme signal, avec le coteau de Hamel d'un côté et le mont de Vitry de l'autre. En 1877, M. Bréan, membre de la Société des Sciences de Douai, y a fait des fouilles pour cette Société, il y a trouvé une terre sablonneuse d'une extrême finesse mélangée de cendres et de débris de charbon, et, dans un autre endroit, dans une couche d'argile, des ossements humains parmi lesquels un fragment de crâne, et çà et là des silex taillés de toute sorte, couteaux, grattoirs, pointes de flèches, haches.

Nous ne dirons rien du prétendu Cercle de pierre de Landrathun, près de Boulogne. Il est généralement reconnu aujourd'hui qu'il est formé de pointes de roche calcaire dénudées par les pluies.

Ces notes succinctes prouvent que l'anglais James Fergusson s'est trompé lorsqu'il dit dans son ouvrage sur les monuments mégalithiques qu'il n'y a presque pas de monuments de cette nature dans le pays des belges.

Tournai typ Casterman 630

www.ingramcontent.com/pod-product-compliance
Ingram Content Group UK Ltd.
Pitfield, Milton Keynes, MK11 3LW, UK
UKHW021018220726
13924UKWH00001B/41

9 782019 941086